# Gedichte

## Meine Liebe für dich

Du bist meine Göttin
du bist meine Muse
du bist der Grund warum ich aufwache
Du bist der Grund, warum ich es weiter versuche,
auch wenn ich aufgeben
möchte Ich tue nur, was ich muss,
wenn ich an dich denke
Ich tue nichts Illegales, denn das bedeutet, dass ich
dich nicht sehen werde
Ich halte mein Temperament, weil es dich aufregen
würde
 Ich tue anderen keinen Schaden, denn das verlangst
du von mir
Aber wenn du mich auch nur verlangst,
das Unmögliche zu tun, würde ich es tun, so sehr
liebe ich dich
 Ich würde für dich sterben, wenn dich das zum
Lächeln bringen würde
Ich würde alle töten, wenn dich das glücklich
machen würde
Meine ganze Existenz ist nur für dich

## Die Dunkelheit in ihm


Einer nach dem anderen gehen sie alle
einer nach dem anderen finden sie alle an ihm
schuld
nach und nach gehen die Lichter aus,
seine Welt wird stockfinster und kalt
er sieht niemanden
er hört niemanden
er fühlt nichts
er weiß jetzt, dass ihn niemand vor sich selbst retten
wird
er beginnt sich zu fragen, wo alles schief gelaufen ist
er fragt sich wer ihn verflucht hat
er fragt sich, womit er das verdient hat, dann
erinnert er sich:
Er ist ein Dämon
er ist ein Monster
er ist unerwünscht
er wird nicht gebraucht
niemand sucht ihn und spricht seinen Namen nicht
aus
Jeder weiß, dass das Sprechen seines Namens
Schrecken hervorrufen wird
wie keiner zuvor
er lebt allein
er lebt im dunkeln die frage bleibt.
Wer ist mutig genug, ihn herbeizurufen und ihn vor
seiner endlosen Qual
und Einsamkeit zu bewahren?

## Die Wahrheit hinter der wahren Liebe

Verlieben ist das Gefühl zu fliegen, auf Wolke sieben zu sein, aber  gleichzeitig geerdet und entspannt zu sein.
Wenn Sie sich nach einiger Zeit nicht mehr so fühlen, ist diese Person nicht diejenige, mit der Sie zusammen sein sollten, und Sie sollten weiter nach Ihrer einzigen Liebe suchen.
Nur dann kannst du wirklich und vollkommen glücklich sein

# Unsere Liebe so stark

Heute habe ich deine Stimme gehört, also habe ich
getrunken
Dann habe ich dein Gesicht gesehen, also habe ich
wieder getrunken
dann konnte ich deine Berührung spüren, also habe
ich wieder getrunken
Ich habe getrunken, um deinen Namen zu vergessen
Ich habe getrunken, um dein Gesicht zu vergessen
Ich habe getrunken, um die Erinnerungen zu v
ergessen, also warum sehe ich dich, egal wie viel ich
trinke?
warum ist es so schwer die lustigen Zeiten zu
vergessen
Warum kann ich die letzten Worte, die ich zu dir
gesagt habe, nicht vergessen?
weil ich dich nicht vergessen kann ich habe
getrunken
weil du mir die Welt bedeutetest, habe ich getrunken
und jetzt, weil ich so viel getrunken habe, können
wir endlich wieder miteinander reden
weil ich am Ende war, kann ich dein lächelndes
Gesicht wieder sehen
weil ich von Alkohol und Liebe berauscht war bin
ich auf eine Autofahrt gefahren
weil ich dich so sehr wollte, bin ich bei dir
wie die Engel über unser Unglück weinen weil
unsere Liebe so stark war,  könnte Gott uns nicht
lange voneinander trennen

# Was ist mutig?

Manchmal bedeutet mutig zu sein nicht, keine Angst
zu haben, sondern aufzustehen, auch wenn man
Angst hat.
Es bedeutet, der zu sein, der du wirklich bist, wenn
alle gegen dich stehen.
Es ist das, was es bedeutet, ein Mensch zu sein,
es ist ein Teil der Menschheit. Angst zu haben ist in
Ordnung, aber sich zu verstecken, weil Sie Angst
haben, ist nicht in Ordnung.
Nichts wird sich ändern, wenn Sie sich nur in einer
Ecke verstecken.
Sei mutig, sei du selbst und stehe für das, woran du
glaubst Denn auch wenn es sich anfühlt, als ob die
Welt
gegen dich wäre, gibt es andere da draußen, genau
wie du
rufst sie so an
und stehst aufrecht und mutig zusammen als eins

**Deine Liebe, die mich rettet**

Diese Gefühle werden immer größer und machen
mich instabiler, aggressiver, ungeduldiger und
unwilliger, dieses Leben ohne dich länger zu
meistern.
Meine Welt wird nichts weiter als ein tiefes
Schwarzes Loch
ohne Entkommen, wenn ich dich nicht kannte.
Gerade als ich aufgeben und der Dunkelheit
nachgeben wollte, bist du gekommen.
Du wurdest ein Licht, das stärker ist als jede Sonne
oder jeder Mond in jedem Universum.
Du bist wie Milliarden und Abermilliarden von
Sternen, die mich in die richtige Richtung führen,
und du bist der einzige, der mich sicher und
gesund hält, während die Welt versucht, mich zu
zerreißen, und deshalb liebe ich dich so.

# Ich danke dir von ganzem Herzen


Als ich allein in meinem dunklen Zimmer sitze,
fließen meine Gedanken über Sie drehen durch und
stürmen herum
Als ob sich meine Gedanken in einen Texas-Tornado
verwandelt hätten    und die Dinge auseinander
nehmen würden
Während ich versuche, sie zu verstehen, fallen mir
Sie ein
Du bist derjenige, der mir hilft, meinen Verstand zu
bewahren
Du hilfst, meine Gedanken unter Kontrolle zu halten
 Du bist mein einziger Grund, diese Welt zu
verstehen
Du bist meine Liebe und mein Leben
Ich danke dir aus tiefstem Herzen, dass du bei mir
bist
Ich danke dir, dass du mir geholfen hast, meine
Dämonen zu besiegen
Ich danke dir für alles was du tust
Ich danke dir, dass du sogar ein so schreckliches
Monster wie mich liebst

# Die Natur ist schön, aber sei vorsichtig

Die hohen Berge
die schönen grünen Bäume
Der große glitzernde blaue See
Die Natur ist wunderbar, es ist wunderschön,
es ist großartig aber gleichzeitig ist es gefährlich
Felsen von der Größe von Flugzeugen, die von einer
hohen Klippe fallen  Lawinen passieren ohne
wirkliche Ursache
Die Natur kann töten So schön sie auch ist, sie kann
dein Leben schneller beenden, als du es dir wünschst
Neugierig zu sein und nach Dingen zu suchen ist in
Ordnung
 Aber man muss vorsichtig sein mit der wahren
Form und den wahren Emotionen der Natur
denn wenn du nicht aufpasst
Die Natur wird dir in den Arsch beißen und dich
schnell fertig machen

**Warum können wir nicht einfach so sein, wie wir sind?**

Die Leute sagen dir immer, dass du vorbereitet sein
sollst
Sie sagen dir, dass du auf dich selbst achten sollst
sie sagen dir, dass du keine Fragen stellen sollst
sie sagen dir, dass du zuhören sollst
sie sagen dir, dass du dich benehmen sollst
Sie sagen dir, dass du dich auf eine bestimmte Weise
verhalten musst
Sie werden dir sagen, dass du respektvoll sein sollst
Sie werden dir sagen, dass du auf dich selbst achten
sollst
aber haben sie dir jemals gesagt, dass du träumen
sollst?
Haben sie dir gesagt, dass es in Ordnung ist, wenn
du etwas nicht weißt?
Haben sie dir gesagt, dass es in Ordnung ist, nein zu
sagen?
das es ok ist nicht zu verstehen?
dass du nicht perfekt sein musst?
dass Sie Ihre eigenen Überzeugungen haben
können?
dass du sein kannst, wer du bist und nicht verurteilt
wirst?
Hat das schon mal jemand zu jemandem gesagt?
Mir wurde immer gesagt, ich solle ich selbst sein und
mein Bestes geben
Ich wurde immer geliebt, egal was ich getan habe o
der wie sehr ich es vermasselt habe
In einer Welt voller Hass und Nichtakzeptanz bin
ich der Freak, der ich bin

Wurde immer geliebt
War immer nett
waren immer fürsorglich und wurden gelehrt,
andere so zu akzeptieren, wie sie sind
 Warum kann der Rest der Welt das nicht auch tun?
Ist es so schwer?
ist es etwas, das gelehrt werden muss?
Wo ist die Menschlichkeit im Menschen geblieben?

## Sonne, Mond und Himmel

Wenn es regnet, denke ich, dass der Himmel traurig
ist und weint
Es ist traurig, weil es auf die Erde schaut
Es sieht, wie es kaputt und krank ist
Es sieht, wie kaputt und krank die Menschen
geworden sind
Der Himmel weint um die Menschen, die sich
gegenseitig verletzen und    töten
Es weint, während die Leute den Himmel
verfluchen, weil es nicht genug Regen gibt
Es weint stärker, wenn es verflucht wird, weil es zu
viel gibt
Während die Leute schimpfen und den Himmel
verfluchen,
sehen sie nicht den Schaden, den sie anrichten
Sie merken nicht, wie allein und deprimiert der
Himmel jetzt ist
Und so, wie der Himmel weint, rücken Sonne und
Mond näher
Sie wollen dort helfen,
Sie wünschen sich, dass sich der Himmel nicht mehr
allein fühlt
Und wenn sie näher kommen, verfluchen sie die
Menschen
Sie rücken näher und näher
Sie fangen langsam an, die Menschen und den
Planeten zu töten
Sie wünschen sich, dass der Himmel zu ihnen
zurückkehrt
und glücklich ist wie früher

sie wollen ihn an ihrer Seite haben und nicht mehr
nach unten schauen  und als der Himmel seinen
Kopf seinen alten Freunden zuwendet,
verschwinden die Menschen
Der Himmel freut sich wieder
Mond und Sonne bereuen nichts, als sie ihren
Freund zum ersten Mal seit Jahrtausenden
wieder lächeln sehen

## Mein Licht, meine Liebe


Denn du bist der Grund warum ich atme
der Grund warum ich nicht alle und alles töte
Du bist der Grund, warum ich aufgrund meiner
eigenen Dunkelheit noch     nicht verrückt werde
Du bist mein Licht an meinem dunkelsten Tag
und mein Mond, wenn ich keine Sterne sehe
Ich betrete diese Erde nur um deinetwillen und lasse
sie um deinetwillen   leben
Deshalb bin ich freundlich zu dir, wie es auch alle a
uf diesem gottverlassenen Planeten tun sollten
Sie leben nur dank dir, also sollten sie sich alle vor
dir verneigen und deine Füße küssen, denn du bist
die wahre Göttin dieser Welt,
meine Liebe also vergiss das nie


## Das Schicksal der Menschen


In Zeiten von Chaos und Gier
wird nur der wahre Held der Menschheit
auferstehen
Während sich alle gegenseitig töten
sehen die Götter amüsiert zu
Sie finden es erstaunlich, wie inkompetent die
Menschheit ist
Sie lachen über das Blutvergießen
Sie machen Witze über die verzweifelten Hilferufe

Dann erhebt sich der Held
Er bringt den Menschen ihre Menschlichkeit zurück
Er heilt die Zerbrochenen
Er hilft, ihre Toten zu begraben
Er durchstreift die Länder als das neue Licht für die
Menschheit
Wieder sind die Götter amüsiert
Dieser Held ist nicht von den Göttern
er verbreitet eine Botschaft im ganzen Land
seine Botschaft verärgert die Götter die Leute
beschützen und folgen dem Helden Die Leute lieben
den Helden Er führt sie in ihrer Not und nachdem
er fertig ist, hilft er ihnen Er führt sie in die Hölle
und die Dämonen Denn dort wartet sein Meister
Darum hassen die Götter Der Held will ihnen den
Spaß stehlen und so ist die Menschheit jetzt weg

# Unsterblichkeit beißt,dann du stirbst


Wenn die Sonne untergeht und der Mond aufgeht
Milliarden von Sternen kommen, um dich heute
Abend zu begrüßen  Meine Gedanken grüßen dich,
während du zum Mond schaust
Meine Seele singt, als mir klar wird, dass wir bald
wieder zusammen sein werden
Ich danke dem Himmel, dass er uns einen neuen
Weg gezeigt hat
Und während wir diesen neuen Weg beschreiten, tun
wir dies gemeinsam  Wir gehen Hand in Hand und
betrachten all die Schönheit,
die uns umgibt wir reden und lachen
Wir haben viel Spaß, während wir die lange Reise
fortsetzen
Während wir weitermachen, spüre ich, wie du
schwächer wirst
Ich fühle dich langsam verblassen
Und da ich dich nicht mehr fühlen, sehen, riechen
oder spüren kann, weiß ich es
Ich weiß, dass du nicht mehr unter den Lebenden
bist
Ich weiß, dass deine Seele zu unserem Schöpfer
zurückgerufen wurde
Ich reise weiter alleine
Langsam verblasst mein Wille weiterzumachen
Ich sitze allein auf diesem Weg
Ich sitze allein in dem Wald, den wir gebaut haben,
während wir weiterzogen
Ich habe niemanden Mich braucht oder will auch

keiner

Ich sitze hier und warte auf meinen Kumpel

Ich warte, bis sie zu mir zurückkehren

Ich werde hier als verlorene Seele bleiben, bis mein
Geliebter wiedergeboren ist

Ich werde für immer hier bleiben und darauf
warten,

dass meine Lieben die wahre Bedeutung der wahren
Liebe ist

## Was sind Träume?

Was ist, wenn die Träume, die wir im Schlaf sehen,
Visionen einer Realität sind, die erst noch
kommen wird?
Oder Visionen einer Zukunft, von der wir nicht
wussten, dass sie möglich ist
Vielleicht können sich deshalb manche nicht an ihre
Träume erinnern
Es ist die himmlische Art, uns zu sagen, dass sie n
icht wollen, dass wir uns diese Träume erfüllen
Ich sage, warum nicht?
Sei mutig, sei mutig, sei du und erinnere dich
Die Zukunft, die du dir wünschst, wird nicht
kommen, wenn man nur     zuhört
Die Zukunft, die wir uns wünschen, können wir
nicht dadurch erlangen, dass wir uns wünschen,
dass andere es für uns tun
Wir können uns nicht darauf verlassen, dass andere
uns unseren Weg zeigen
Wir müssen den Weg zur Größe mit unseren eigenen
Händen ebnen
Wir sind stark genug, warum also warten?
wir wurden dazu gebracht, selbst zu denken,
warum also um Erlaubnis bitten, unser eigenes
Leben zu ändern?
Warum fragen, ob es in Ordnung ist, unser wahres
Selbst zu sein?
Warum andere unser Leben diktieren lassen, wenn
sie uns nicht einmal  kennen?
Schicksal und Zukunft gehören dir selbst, also mach

das Beste aus dem    Alltag
kämpfe für die Zukunft, die du dir wünschst, auch
wenn die Welt gegen dich ist Denn du weißt nie
wann es dein letztes sein wird

## Wahre Freunde sind Wölfe in deinem Rudel

Die Welt ist nur so dunkel wie die Menschen, die du
bei dir hältst
Wenn du das Gefühl hast, dass deine Welt schwarz
wird, sieh dir an
wer bei dir ist
Schau auf die, die du Freunde nennst
Diejenigen, die dich wirklich mögen, werden dir
helfen
Diejenigen, die dies nicht tun, werden versuchen,
Ihre Probleme kleiner erscheinen zu lassen als ihre
Die wahren Freunde werden zu dir kommen und dir
aus deiner Dunkelheit helfen egal zu welcher zeit
oder Ort
Diejenigen, die dich ignorieren, sind deine wertvolle
Zeit nicht einmal wert
Du musst auf dich aufpassen
Und wenn du nur giftige Freunde hast, dann rate ich
dir, sie zu verlassen  Denn wenn du wirklich allein
bist, dann bemerkst
du die wahre Helligkeit der Welt
Es liegt in der Natur des Menschen, nach denen zu
suchen, die in Ihrem Rudel sein können
Aber manchmal braucht auch ein Wolf seine Zeit für
sich allein, um herauszufinden, wer seine wahren
Freunde wirklich sind.
Gib den Kampf nicht auf, denn dieser einsame Wolf
ist auch an deiner Seite, auch wenn du es nicht weißt

**Wer braucht die, die nur gemeine Dinge sagen?**


Ich denke an unsere verlorene Zeit
Ich denke an all die lustigen Zeiten, die wir nicht
haben könnten
Ich denke an all die Zeiten, in denen ich nicht da
sein konnte
Ich denke an all die Zeiten, in denen ich dich
gebraucht habe
Ich denke an all die Male, die ich an deiner Schulter
hätte weinen können
Ich denke an all die Zeiten, in denen ich deine Liebe
wollte
Jetzt denke ich nur daran, wie du mich nie wolltest
Ich denke an die Zeit, als ich dich sagen hörte, ich
sei nutzlos
die Zeit, als du sagtest, ich werde nicht gesucht
die Zeit, in der du sagtest, ich werde nicht gebraucht
die Zeit, als du mich ein fettes Schwein genannt hast
die Zeit, als du mich einen Idioten genannt hast
die Zeit hattest du deine Hand gehoben, aber lass sie
gleiten als ich geweint habe und du sagtest, es seien
falsche Tränen
die Zeit, als du sagtest, ich hätte nicht geboren
werden sollen
und jetzt kommst du zu mir und willst mich
du willst mein Geld
du willst meinen Ruhm
du willst meine Eltern sein
du willst ein teil meines Lebens sein

aber ich will dich nicht
Ich will deine falsche Liebe nicht
deine falschen Worte
dein falsches Lächeln
du und dein Liebhaber können wegbleiben
ich bin stark
ich bin unabhängig
ich werde geliebt
ich werde gebraucht
Ich werde dich nie in diesem oder dem nächsten
Leben brauchen

# Tod und Dunkelheit

In der Dunkelheit finden wir unsere Freunde
Manche finden, dass ihre Dämonen bessere Freunde
sind als Menschen
Manche finden, dass ihre Dämonen freundlicher
sind
ihre Dämonen machen mehr Sinn und langsam
schlüpfen sie tiefer in ihre Dunkelheit
die Dunkelheit ruft nach ihnen es beginnt sich warm
und sicher anzufühlen
es gibt dir das Gefühl, dass die reale Welt es nicht
wert ist es sagt dir,
dass du bleiben sollst
es sagt dir, dass du in Sicherheit bist
die Dämonen fressen langsam deine Seele auf und
wenn du versuchst dich zu befreien,
fällst du plötzlich hin
du fällst und fällst
niemand kann dich retten
niemand kann dir helfen
aber wer ist schuld?
Sind es die Eltern, die es nicht bemerkt haben?
Sind es die Freunde, die nie gefragt haben?
Sind es die Götter, die einen Engel zurückbringen
wollten?
Nein, keiner von ihnen
der Schuldige ist derjenige, der nicht bemerkt hat,
dass die Dunkelheit  kein Freund ist
Es ist die Person, die zu spät versucht hat
wegzulaufen
Es ist derjenige, der jetzt in den Tod stürzt

vertraue nicht immer deinen Dämonen
vertraue den Menschen nicht zu sehr
denn egal was am ende der einzige schuld an allem
bist du
Also lass dir nicht von den Dämonen sagen, wie du
leben musst
entscheide dich selbst
sei du selbst
schalte ein und lebe im Licht
denn auch wenn sich die Dunkelheit warm anfühlt
es ist keine sichere Art von warm
Es ist die Wärme, die du fühlst, bevor dein Körper
alles loslässt und dir kalt wird

## Liebe kann etwas Schreckliches sein

Warum nennen sie es sich auf den ersten Blick
verlieben?
Das liegt daran, dass du, obwohl du dich gerade erst
kennengelernt hast,  eine starke Verbindung fühlst
ihr saht euch an und spürte, wie die Welt stillstand
ihr saht euch und die Welt wurde still
du hattest das Gefühl, dass der Teil von dir, der
fehlt, endlich aufgetaucht   ist
Du merkst nach einer Weile, dass sie es sind, was
dich perfekt macht
du merkst, dass dich alles an ihnen verrückt macht
Du verliebst dich tiefer in die Liebe du bist
glücklich,
einfach nur in ihrer Nähe zu sein
du bist über dich selbst hinaus, wie sie dich fühlen
lassen
und plötzlich wird die Welt dunkel
du fühlst den Himmel fallen
du siehst alle schwarz tragen und wenn du weinst, s
pürst du, wie du zerbrichst
du hast keine Lust weiter zu machen
Du wünschst, die Welt würde untergehen aber es ist
nicht das Ende der   Welt
du musst wieder aufstehen
du musst wieder raus in die Welt
denn sonst verpasst du deine Chance
Du wirst dieses Glück nicht wiederfinden, wenn du
drinnen bleibst
Du wirst es nicht in deinen Büchern finden
 du wirst es nicht in deiner Kunst finden

Es wird nicht in deinen Filmen sein
es ist außen es ist wo andere Wesen sind
Also steh auf und versuche wieder zu fallen
denn nur so wirst du wieder glücklich

# Denk nach bevor du etwas sagst


 Eine Million Gedanken gehen mir durch den Kopf
ich höre was du sagst
Ich weiß, was du meinst
Ein Teil von mir will weglaufen
Ein anderer Teil will es dir zeigen
Ich möchte zeigen was ich kann
Ich möchte dich meinen Donner hören lassen
Ich möchte, dass du mein mächtiges Gebrüll hörst
Aber der andere Teil von mir.....
Es sagt dein Recht
Es sagt mir, dass ich versteckt bleiben soll
Es sagt mir, dass ich es nicht versuchen soll
Es sagt mir, dass ich auf Nummer sicher gehen soll
Nachdem einem gesagt wird, dass sie nicht gut
genug sind
Es bleibt im Kopf
Es hält sie davon ab, es zu versuchen
Es hält sie davon ab, zu wollen
Es zieht sie runter
So wie mich die Millionen Gedanken nachts wach
halten
Bevor du sprichst, überlege es dir zweimal
Es könnte ein Leben retten

# Ein Tag in einem geschäftigen Krankenhaus

Während ich sitze und warte, sehe ich viele Leute
vorbeilaufen
Einige schwitzen
Einige weinen
Manche sehen besiegt aus
Manche fragen sich, wo Gott ist
Manche sitzen wie ich und warten
Während wir warten, beten wir Wir beten für
Gesundheit
Wir beten für gute Nachrichten
Wir beten um Gottes Barmherzigkeit
Als wir unsere Gebete beenden, kommt eine
Krankenschwester herein
Sie sieht müde aus Sie sieht aus, als wäre sie durch
die Hölle gegangen
Sie ruft meinen Namen und als ich stehe, kann ich
sehen, dass sie geweint hat
 Ich klopfe der Schwester auf die Schulter
Ich sage ihr, es ist in Ordnung
Ich sage ihr, du kannst sie nicht alle retten
Ich lächle sie an, segne sie und gehe nach Hause
Ich sitze auf meinem Stuhl
Ich schaue mir dein Bild an
Manchmal braucht Gott seine Engel zurück
Manchmal ist man zur falschen Zeit am falschen Ort
Manchmal wird man als Krankenschwester für
einen Todesfall verantwortlich gemacht
Manchmal will die Familie dieser Personen Rache
Manchmal können dich sogar deine Kollegen nicht

retten
Also sei nett zu allen
Du weißt nicht, gegen welche Dämonen sie kämpfen
Und du weißt nicht, welche Kriege sie führen

© 2021 Candice Belote
Herstellung und Verlag: BoD – Books on Demand,
Norderstedt
ISBN: 9783755779995